父亲常常为着贪婪而失掉了人性。他对待仆人，对待自己的儿女，以及对待我的祖父都是同样的吝啬而疏远，甚至于无情。

父亲打了我的时候，我就在祖父的房里，一直面向着窗子，从黄昏到深夜——窗外的白雪，好像白棉花一样飘着；而暖炉上水壶的盖子，则像伴奏的乐器似的振动着。

萧红作品画传

原著 萧 红
编绘 侯国良

黑龙江美术出版社

萧红传

原著 萧 红

编绘 侯国良

永远的憧憬和追求

　　一九一一年，在一个小县城里
边，我生在一个小地主的家里。那县
城差不多就是中国的最东最北部——
黑龙江省——所以一年之中，倒有四
个月飘着白雪。

祖父时时把多纹的两手放在我的肩上，而后又放在我的头上，我的耳边便响着这样的声音：

"快快长吧！长大就好了。"

二十岁那年，我就逃出了父亲的家庭。直到现在还是过着流浪的生活。

"长大"是"长大"了，而没有"好"。

可是从祖父那里，我知道了人生除掉了冰冷和憎恶而外，还有温暖和爱。

所以我就向这"温暖"和"爱"的方面，怀着永久的憧憬和追求。

借

"女子中学"的门前，那是三年前在里边读书的学校。

"梁先生——国文梁先生在校吗？"我对校役说。

"在校，是在校的，正开教务会议。"

"什么时候开完？"

"那怕到七点钟吧！"

墙上的钟还不到五点，等也是无望，我走出校门来了！

顺着电车道走，电车响着铃子从我们身边一辆一辆地过去。没有借到钱，电车就上不去。走吧，挨着走，肚痛我也不能说。

初冬

初冬，我走在清凉的街道上，遇见了我的弟弟。

"莹姐"，弟弟的眼睛深黑色的，"天冷了，再不能漂流下去，回家去吧！"

也许要熄灭的灯火在我心中复燃起来，热力和光明鼓荡着我：

"那样的家我是不能回去的。我不愿意受和我站在两个极端的父亲的豢养……"

牵牛房

"夏天窗前满种着牵牛花，种得太多啦！爬满了窗门，因为这个叫'牵牛房'！"主人大声笑着给我们讲了一遍。

"多余呀！多余呀！吃松子做什么！不要吃吧！不要吃那样没用的东西吧！"这话我都没有说，我知道说这话还不是地方。等一会儿虽然我也吃着，但我一定不同别人那样感到趣味；别人是吃着玩，我是吃着充饥！

还不到三天，剧团就完结了！很高的一堆剧本剩在桌子上面。感到这屋子广大了一些，冷了一些。

日本子这几天在道外捕去很多工人。像我们这剧团……不管我们是剧团还是什么，日本子知道那就不好办……

结果是什么意思呢？就说剧团是完了！我们站起来要走，觉得剧团都完了，再没有什么停留的必要，很伤心似的。

最后的一个星期

刚下过雨，我们踏着水淋的街道，在中央大街上徘徊，到江边去呢？还是到哪里去呢？

我突然站住，受惊一般地，哈尔滨要与我们别离了！还有十天，十天以后的日子，我们要过在车上，海上，看不见松花江了，只要"满洲国"存在一天，我们是不能来到这块土地。

别了，"商市街"！

青岛·鲁迅先生回信

……

来信的两个问题的答复

一、不必问现在要什么，只要问自己能做什么。现在需要的是斗争的文学，如果作者是一个斗争者，那么，无论他写什么，写出来的东西一定是斗争。就是写咖啡馆跳舞场吧，少爷们和革命者的作品，也决不会一样。

二、我可以看一看的，但恐怕没有工夫和本领来批评。稿可寄"上海，北四川路底内山书店转周豫才收"，最好是挂号，以免遗失。

……

迅 上

十月九夜

生死场

　　老马走上进城的大道,"私宰场"就在城门的东边。那里的屠刀正张着,在等待这个残老的动物。

　　二里半感到非常悲痛。他痉挛着了。过了一个时刻转过身来,他赶上去说:"下汤锅是下不得的……下汤锅是下不得……"但是怎样办呢?二里半连半句语言也没有了!

　　王婆她自己想着:一个人怎么变得这样厉害?年青的时候,不是常常为着送老马或是老牛进过屠场吗?

　　月英是打鱼村最美丽的女人。她家也最贫穷。她是如此温和，从不听她高声笑过，或是高声吵嚷。

　　可是现在那完全消失了！每夜李二婶子听到隔壁惨厉的哭声；十二月严寒的夜，隔壁的哼声愈见沉重了！

　　三天以后，月英的棺材抬着横过荒山而奔着去埋葬，葬在荒山下。

金枝听着鞭子响，听着口哨响，她猛然站起来，提好她的筐子惊惊怕怕地走出菜圃。在菜田东边，柳条墙的那个地方停下，她听一听口笛渐渐远了！鞭子的响声与她隔离着了！

静静的河湾有水湿的气味，男人等在那里。

冬天，女人们像松树子那样容易结聚，在王婆家里满炕坐着女人。

大家哗笑着了！但五姑姑不敢笑，心里笑，垂下头去，假装在席上找针。

"像我们都老了！那不算一回事啦，你们年轻，那才了不得哪！小丈夫才会新鲜哩！"

雪天里，村人们永没见过的旗子飘扬起，升上天空！

全村寂静下去，只有日本旗子在山岗临时军营门前，振荡地响着。

田间无际限的浅苗湛着青色。但这不再是静穆的村庄，人们已经失去了心的平衡。

人们宣誓的日子到了！

院心除了老赵三，那尽是一些年轻的小伙子在走、转。他们袒露胸臂，强壮而且凶横。

老赵三立到桌子前面，他不发声，先流泪：

"国……国要亡了！我……我也……老了！你们还年轻，你们去救国吧！我是中国人！……我要中国旗子，我不当亡国奴，生是中国人，死是中国鬼……不……不是亡……亡国奴……"

生死场

序言 鲁迅

……

这本稿子到了我的桌上，已是今年的春天，我早重回闸北，周围又复熙熙攘攘的时候了。但却看见了五年以前，以及更早的哈尔滨。这自然还不过是略图，叙事和写景，胜于人物的描写，然而北方人民的对于生的坚强，对于死的挣扎，却往往已经力透纸背；女性作者的细致的观察和越轨的笔致，又增加了不少明丽和新鲜……

现在是一九三五年十一月十四日的夜里，我在灯下再看完了《生死场》，周围像死一般寂静，听惯的邻人的谈话声没有了，食物的叫卖声也没有了，不过偶有远远的几声犬吠……

上海·鲁迅先生信笺

……

本月三十日（星期五）午后两点钟，你们两位可以到书店来一趟吗？小说如已抄好，也就带来，我当在那里等候。那书店，坐第一路电车可到。就是坐到终点（靶子场）下车，往回走，三四十步就到了。

此布，即请。

迅上

十一月二十七日

回忆鲁迅先生

那夜，就和鲁迅先生和许先生一道坐在长桌旁边喝茶的。当夜谈了许多关于伪满洲国的事情，从饭后谈起，一直谈到九点钟十点钟而后到十一点钟。

夜已深了，并且落了雨，心里十分着急，几次站起来想要走，但是鲁迅先生和许先生一再说再坐一下："十二点以前终归有车子可搭的。"所以一直坐到将近十二点，才穿起雨衣来，打开客厅外边的响着的铁门，鲁迅先生非要送到铁门外不可。

鲁迅先生家里生客人很少，几乎没有，尤其是住在他家里的人更没有。

有一天晚上X先生从三楼下来，手里提着小箱子，身上穿着长袍子，站在鲁迅先生的面前,他说他要搬了。他告了辞，许先生送他下楼去了。这时候周先生在地板上绕了两个圈子，问我说：

"你看他到底是商人吗？"

"是的。"我说。

鲁迅先生很有意思地在地板上走几步，而后向我说："他是贩卖私货的商人，是贩卖精神上的……"

X先生走过两万五千里回来的。

鲁迅先生记（一）

　　从开炮以后，只有许先生绕道去过一次，别人就没有去过。当然那墓草是长得很高了，而且荒了，还说什么花瓶，恐怕鲁迅先生的瓷半身像也要被荒了的草埋没到他的胸口。

　　我们在这边，只能写纪念鲁迅先生的文章，而谁去努力剪齐墓上的荒草？我们是越去越远了，但无论多么远，那荒草是总要记在心上的。

西北行

　　离开上海，萧红同文化界人士到了武汉、山西、重庆。

　　"作家不是属于某个阶级的，作家是属于人类的。现在或是过去，作家们写作的出发点是对着人类的愚昧！那么，为什么在抗战之前写了很多文章的人而现在不写呢？我的解释是：一个题材必须要跟作者的情感熟习起来，或者跟作者起着一种思恋的情绪。但这多少是需要一点时间才能把握住的。"

放火者

　　五三的中午日本飞机二十六架飞到重庆的上空，在人口最稠密的街道上投下燃烧弹和炸弹，那一天就有三条街起了带着硫磺气的火焰。

　　飞机的响声大起来，就有一个老头招呼我：

　　"这边……到铁狮子下边来……"这话他并没有说，我想他是这个意思，因为他向我招手。

　　下一次，五月二十五号那天，中央公园便炸了。这小小的公园，死了多少人？我不愿说出它的数目来，但我必须说出它的数目来：死伤 XXX 人，而重庆在这一天，有多少人从此不会听见解除警报的声音了……

萧红传　二十三

046
047

旷野的呼喊

　　"他真随了义勇队了吗？纳闷！明年一开春，就是这时候，就要给他娶媳妇了，若今年收成好，上秋也可以娶过来呀！当了义勇队，打日本……哎哎，总是年轻人哪……"当他看到村头庙堂的大旗杆，仍旧挺直地站在大风里的时候，他就向着旗杆的方向骂了一句："小鬼子……"而后他把全身的筋肉抖擞一下。

"我就是来告诉这事……修铁道的抓了三百多……你们那孩子……"

"为着啥事抓的？"

"弄翻了日本人的火车罢了！"

陈公公一听说儿子被抓去了，当天的夜里就非向着西南大道上跑不可。那天的风是连夜刮着，前边是黑滚滚的，后边是黑滚滚的；远处是黑滚滚的，近处是黑滚滚的。

陈公公倒下来了。

黄河

悲壮的黄土层茫茫地顺着黄河的北岸延展下去，河水在辽远的转弯的地方完全是银白色，而在近处，它们则扭绞着旋卷着和鱼鳞一样。

站在长城上会使人感到一种恐惧，那恐惧是人类历史的血流又鼓荡起来了！而站在黄河边上所起的并不是恐惧，而是对人类的一种默泣，对于病痛和荒凉永远的诅咒。

阎胡子是山东人，十多年以前，因为黄河涨大水逃到关东，又逃到山西的。所以山东人的火性和粗鲁，还在他身上常常出现。

"你是哪个军队上的？"

"我是八路的。"

"老乡，听你说话是山东口音。过来多年啦？"

"没多少年，十几年……俺家那边就是游击队保卫着……都是八路的，都是八路的……"阎胡子把棕色的酒杯在嘴唇上湿润了一下，嘴唇不断地发着光。

奔向同蒲站的兵士，听到背后有呼唤他的声音：

"站住……站住……"

他回头看时，那老头好像一只小熊似的奔在沙滩上：

"我问你，是不是中国这回打胜仗，老百姓就得日子过啦？"

八路的兵士走回来，好像是沉思了一会儿，而后拍着那老头的肩膀：

"是的，我们这回必胜……老百姓一定有好日子过的。"

九一八致弟弟书

　　可弟：小战士，你也做了战士了，这是我想不到的。

　　恰巧在抗战不久，我也到山西去，有人告诉我你在洪洞的前线，离着我很近，我转给你一封信，我想没有两天就看到你了。那时我心里可开心极了，因为我看到不少和你那样年青的孩子们，他们快乐而活泼，他们跑着跑着，当工作的时候还嘴里唱着歌。这一群快乐的小战士，胜利一定属于你们的，你们也拿枪，你们也担水，中国有你们，中国是不会亡的。

寄东北流亡者

　　东北流亡同胞，我们地大物博，决定我们的沉着毅勇，正与敌人的急功切进相反，所以最后的一拳一定是谁最沉着的就是谁打得最有力。我们应该献身给祖国作前卫的工作，就如我们应该把失地收复一样。这是无可怀疑的。

　　东北流亡的同胞，为了失去的土地上的高粱，谷子，努力吧！为了失去的土地上年老的母亲，努力吧！为了失去的地面上的痛心的一切的记忆，努力吧！

当每个秋天的月亮快圆的时候，你们的心总被悲哀装满。想起高粱油绿的叶子，想起白发的母亲或幼年的亲眷。

第一个煽惑起东北同胞的思想的是："我们就要回家去了！"

是的，家是可以回去，而且家也是好的，土地是宽阔的，米粮是富足的。

是的，人类是何等的对着故乡寄注了强烈的怀念呵！

香港・萧红信笺

　　……不知为什么，莉，我的心情永久是如此抑郁，这里的一切是多么恬静和幽美，有田，有漫山漫野的鲜花和婉转的鸟语，更有澎湃泛白的海潮，面对着碧澄的海水，常会使人神醉的，这一切不都是我以往所梦想的佳境吗？然而呵，如今我却只感到寂寞！在这里我没有交往，因为没有推心置腹的朋友。

小城三月

我有一个姨，和我的堂哥哥大概是恋爱了。

翠姨生得并不是十分漂亮，但是她长得窈窕，走起路来沉静而且漂亮，讲起话来清楚地带着一种平静的感情。她伸手拿樱桃吃的时候，好像她的手指尖对那樱桃十分可怜的样子，她怕把它触坏了似的轻轻地捏着。

有一年冬天，刚过了年，翠姨就来到了我家。

伯父的儿子——我的哥哥，就正在我家里。

因为城本来是不大的，有许多熟人也都是来看灯的，都遇到了。

无管人讨厌不讨厌，他们穿的衣服总算都市化了。个个都穿着西装，戴着呢帽，外套都是到膝盖的地方，脚下很利落清爽。

翠姨觉得他们个个都很好看。

哥哥也穿的西装，自然哥哥也很好看。因此在路上她直在看哥哥。

翠姨从此想到了念书的问题，但是她已经二十岁了，上哪里去念书？

但是不久，翠姨就订婚了。

她的未来的丈夫，我见过，在外祖父的家里。人长得又矮又小，穿一身蓝布棉袍子，黑马褂，头上戴一顶赶大车的人所戴的五耳帽子。

当时翠姨也在的，但她不知道那是她的什么人，她只当是哪里来了这样一位乡下的客人。外祖母偷着把我叫过去，特别告诉了我一番，这就是翠姨将来的丈夫。

翠姨订婚，转眼三年了。

想不到外祖母来接她的时候，她从心的不肯回去，她竟很勇敢地提出来她要读书的要求。她说她要念书，她想不到出嫁。

外祖母没有办法，依了她。给她在家里请了一位老先生，就在自己家院子的空房子里边摆上了书桌，还有几个邻居家的姑娘，一齐念书。

念了书，不多日子，人就开始咳嗽，而且整天地闷闷不乐。

翠姨后来支持不了啦，躺下了。她的婆婆听说她病了，就要娶她。因为花了钱，死了不是可惜了吗？这一种消息，翠姨听了病就更加严重。婆家一听她病重，立刻要娶她。因为在迷信中有这样一章：病新娘娶过来一冲，就冲好了。翠姨听了，就只盼望赶快死，拼命地糟蹋自己的身体，想死得越快一点儿越好。

等我到春假回来，母亲还当我说：

"要是翠姨一定不愿意出嫁，那也是可以的，假如他们当我说。"

……

翠姨坟头的草籽已经发芽了，一掀一掀地和土粘成了一片，坟头显出淡淡的青色，常常会有白色的山羊跑过。

呼兰河传

七月十五孟兰会，呼兰河上放河灯了。

可是当这河灯，从上流的远处流来，人们是满心欢喜的，等流过了自己，也还没有什么，唯独到了最后，那河灯流到了极远处的下流去的时候，使看河灯的人们，内心里无由地来了空虚。

"那河灯，到底是要漂到哪里去呢？"

野台子戏也是在河边上唱的。
也是秋天，比方这一年秋收好，就要
唱一台子戏，感谢天地。

人们笑语连天，哪里是在看戏，
闹得比锣鼓好像更响，那戏台上出来
一个穿红的，进去一个穿绿的，只看
见摇摇摆摆地走出走进，别的什么也
不知道了，不用说唱得好不好，就连
听也听不到。离着近的还看得见不挂
胡子的戏子在张嘴，离得远的就连戏
台那个穿红衣裳的究竟是一个坤角还
是一个男角也都不大看得清楚。简直
是还不如看木偶戏。

我家有一个大花园，这花园里
蜂子，蝴蝶，蜻蜓，蚂蚱，样样都有。

花开了，就像花睡醒了似的。
鸟飞了，就像鸟上天了似的。虫子叫
了，就像虫子在说话似的。一切都活
了。都有无限的本领，要做什么，就
做什么。

祖父一天都在后园里边，我也
跟着祖父在后园里边。

一天黄昏，老胡家就打起鼓来了。大缸、开水、公鸡，都预备好了。

"等一会儿你看吧，就要洗澡了。"

她说着的时候，好像说着别人的一样。

果然，不一会儿功夫就洗澡来了，洗得吱哇乱叫。

我跟祖父说：

"小团圆媳妇不叫了。"

我再往大缸里一看，小团圆媳妇没有了。她昏倒在大缸里了。

有二伯的性情真古怪，他很喜欢和天空的雀子说话，他很喜欢和大黄狗谈天。

有一回父亲打了有二伯，父亲三十多岁，有二伯快六十岁了。

"有二伯上吊啦！有二伯上吊啦！"

过了不久，有二伯又跳井了。

后来有二伯"跳井""上吊"这些事，都成了笑话，街上的孩子都给编成一套歌在唱着："有二伯跳井，没那么回事。""有二伯上吊，白吓唬人。"

有二伯还是活着。

冯歪嘴子的女人一死，大家觉得这回冯歪嘴子算完了。扔下了两个孩子，一个四五岁，一个刚生下来。

看吧，看他可怎样办！

老厨子说：

"看热闹吧，冯歪嘴子又该喝酒了，又该坐在磨盘上哭了。"

可是冯歪嘴子自己，并不像旁观者眼中的那样绝望，好像他活着还很有把握的样子似的，他不但没有感到绝望已经洞穿了他。因为他看见了他的两个孩子，他反而镇定下来。

呼兰河这小城里边，以前住着我的祖父，现在埋着我的祖父。

从前那后花园的主人，而今不见了。老主人死了，小主人逃荒去了。

老厨子就是活着年纪也不小了。

东邻西舍也都不知怎样了。

至于那磨房里的磨倌，至今究竟如何，则完全不晓得了。

以上我所写的并没有什么幽美的故事，只因他们充满我幼年的记忆，忘却不了，难以忘却，就记在这里了。

一九四〇年十二月二十日

香港完稿

我本来还想写些东西，可是我知道我就要离开你们了，我将与蓝天碧水永处，留得那半部《红楼》给别人写了。

生死场

原著 萧红

编绘 侯国良

"罗圈腿，唉呀！不能找到？"

二里半跌着脚，东西眺望，可是羊在

哪里？

"三哥！我的羊丢了，它又走了回来，这羊留着不是什么好兆相。替我说出买主去吧。"但山羊终究还是伴在二里半家。

"……一个孩子三岁了，我把她摔死了，我熬苦了几夜没能睡。什么麦粒？从那时起，我连麦粒也不怎么看重了！"老赵三家的王婆劳作之余，尽是述说她无穷的命运。

麦场上小马发疯着，飘扬着跑，王婆着了疯一般的挥着耙子，系住马勒带的孩子挨着骂。

"我不愿意和老马在一块，老马整天像睡着。"平儿没有理谁，走出麦场。灰色的老幽灵暴怒了，"我去唤你的爹爹来管教你呀！"

生死场　六

静静的河湾有水湿的气味。发育

完强的青年汉子成业带着金枝，又走

下高粱地去……

成业的叔叔福发望着他的女人，"啊呀……我们从前也是这样哩！你忘记吗？……哈……哈，回想年轻真有趣的哩。"

"娘，把女儿嫁给福发的侄
子成业吧！我肚子里不是……病，
是……"金枝哭求着。

生死场 九

王婆驱着她的老马，头上顶着飘落的黄叶；老马，老人，配着一张老的叶子，他们走在进城的大道。

王婆得到三张票子，这可以充
纳一亩地租。她哭着回家，那好像是
送葬归来一般。

王婆约会五姑姑来探望月英。月英看见王婆还不及说话，她先哑了嗓子。

月英把被子推动一下，但被子仍然盖在肩上，她说"我算完了，你看我连被子都拿不动了！"

"我不行啦！我快死啦！"

死人死了！活人计算着怎样活

下去。冬天女人们预备夏季的衣裳；

男人们计虑着怎样开始明年的耕种。

冬天，女人们像松树子那样容
易结聚，在王婆家里满炕坐着女人。

"地租加价了，打死他吧！那是一块恶祸。"李青山家里挤满了男人，老赵三放着扩大的喉咙。

二月了，农民们蛰伏的虫子样又醒过来。荒山上渐渐有送粪的人担着担子行过荒凉的山岭。

地租还是加了。牛卖掉了，不
能再种粮食，老赵三无缘地感到酸心，
只好带平儿进城卖鸡笼。

可是不久就完了！小鸡初生卵的时节已过去。城市把他又赶回睡着一般的乡村。

生死场　十八

暖和的季节，在乡村人和动物

一起忙着生，忙着死……

生死场 十九

　　黄昏以后，屋中起着灯光。女人快生产了，她苦痛得不能爬动，不能为生死再挣扎最后的一刻。全家人不能安定，为她预备葬衣。

生死场 二十

昏茫的村庄天然灾难的种子渐渐在滋生。全村静悄了。传染病到绝顶的时候，人死了听不见哭声。

"王婆服毒了！"村中嚷着这样的新闻。人们凄静地断续地来看她。

王婆在地下作出声音，人们说
是死尸还魂，赵老三他们贪婪着把扁
担压过去。

女人们坐在棺材边号啕着，哭
孩子的，哭丈夫的，哭自己命苦的，
无管有什么冤屈都到这里来送了！
王婆终于没有死。

五月节了，家家门上挂起葫芦。全村表示着过节。二里半跛着脚。过节，带给他的感觉非常愉快。

每年家家的麦子送上麦场，第一场割麦，人们要吃顿酒。

王婆家今年没种麦田，她更忧
伤而悄默了。

十年前村中的山，山下的小河，

而今依旧。王婆也似乎没有改变，只

是平儿和罗圈腿都是大人了。

雪天里，村人们永远没见过的
日本旗子在山岗振荡地响着。村人们
在想：这是什么年月？

　　这不再是静穆的村庄，姑娘媳妇都跑空了！在"王道"之下，废田多起来，人们在忧郁着徘徊，已经失去了心的平衡。

死了孩子又成了寡妇，不肯等
死的金枝，流落在城市街头。

金枝为着钱，为着生活，她小心地跟了一个独身汉去到他的房舍做缝补……女工难逃的羞恨事情必然要发生。

金枝勇敢地走进都市，羞恨又

把她赶回了乡村。最后她转到伤心的

路上去……

金枝要做尼姑去，可又走向哪里去？她想出家庙庵早已空了！

当夜日本兵、中国警察搜遍全

村。不知他们又牵了谁家的女人。

乱坟岗子又多了三个死尸，其中一个是北村寡妇家搜出的"女学生"。听说"女学生"是什么党。

赵三和一个老牛般样，冲着平儿："你们年轻人应该有些胆量。这不是叫人死吗？亡国了！麦地不能种了，鸡犬也要死净。"

亡国后的老赵三，蓦然念起那些死去的英勇的伙伴！留下活着的老的，只有悲愤而不能走险了！

在老赵三家里，李青山哑着喉咙发着疯了！"屯子里的小伙子召集起来，起来救国吧！"

四月里晴朗的天空从山脊流照下

来，房周围的大树在正午垂曲地立在

太阳下。畅明的天光与人们共同宣誓。

浓重不可分解的悲酸，使树叶垂头。赵三在红蜡烛前用力鼓了桌子两下，人们一起哭向苍天了！

开拔的队伍在南山道转弯，他
们的衣装和步伐看起来不像个队伍，
但衣服下藏着壮猛的心。

严重的夜，从天上走下。日本兵团"剿"村子……二里半的麻婆子被杀，罗圈腿被杀，死了两人，村中安息两天。

被打散的李青山这次逃回村来，他不同别人带回衰丧的样子，"革命军所好是他不胡乱干事，他们有纪律，这回我算相信。"

"'人民革命军'在哪里？"

二里半突然问起。青山说："你不要问，再等几天跟着我走好了！"

出发这天二里半远远趷着脚奔

来，"这条老羊……替我养着吧，赵

三哥！"

二里半不健全的腿颠跌着颠跌着，跟上前面的李青山去。羊声在遥远处伴着老赵三茫然的嘶鸣。

呼兰河传

原著 萧 红

编绘 侯国良

呼兰河传 一

地居东陲塞北的呼兰河，小城
并不怎样繁华，只有两条大街，一条
从南到北，一条从东到西，而最有名
的算是十字街了。十字街上有金银首
饰店、布庄、油盐店、茶庄、药店，
也有拔牙的洋医生。

在小街上住着，却又冷清，又
寂寞。一到太阳偏西，打着拨浪鼓的
货郎也不进胡同来了，只有卖豆腐的
声音特别诱惑人。传说有人竟下了倾
家荡产的决心："不过了，买块豆腐
吃去！"

春夏秋冬，一年四季来回循环。

呼兰河的人们忍受着风霜雨雪。受

不住的，就默默地离开人间的世界。

受得住的就过去了，仍旧在人间被

吹打着。

呼兰河传 三

呼兰河除了一些卑琐平凡的实际生活外，在精神上，也还有不少的盛举。如跳大神，这是为了治病，大半是天黑跳起，只要一打起鼓来，男女老幼都往跳大神的人家跑，那唱词和鼓声冷森森，越听越悲凉。

七月十五孟兰会，是个鬼节。

这一天若是鬼托住河灯，就得以脱生。

所以放河灯是件善事。河灯从上流的

远处流来，往极远的下流流去。赶热

闹看河灯的人们，内心莫名地空虚：

"那河灯到底是要漂到哪里去呢？"

　　这一年秋收好，就要唱一台子戏，感谢天地。这时候，接姑娘唤女婿，热闹得很。东邻西舍的姐妹们相遇了，就互相品评。谁的模样俊，谁的鬓角黑。谁的手镯是福泰银楼的新花样，谁的压头簪又小巧又玲珑。

　　四月十八娘娘庙大会。人们都以为阴间也是一样的重男轻女，所以都是先到老爷庙里去，打过钟，磕过头，好像报个到似的，而后才上娘娘庙去。

这些盛举都是为鬼而做的，只是跳秧歌，是为活人预备的。正月十五正是农闲的时候，趁着新年化起装来，男人装女人。还有狮子、龙灯、旱船等等，花样复杂。

就在这古老的小城住着我的祖

父。我长到四五岁时，祖父就快七十了。

我家有个大花园，蝴蝶、蜻蜓、蚂蚱，样样都有。祖父一天都在后园里边，我也跟着祖父在后园里边。祖父栽花，我就栽花；祖父拔草，我就拔草。

偏偏这后园每年都要封闭一次的。秋雨之后这花园就开始凋零了，黄的黄，败的败，好像有人把它们摧残了似的。没有多少时候，大雪又落下来了，后园就被埋住了。

花园虽然被埋了，我却发现后房储藏室的新天地。那里边装着各种新奇的东西。我翻出祖母的藤手镯，戴在小手上滴溜溜地转。祖母骂我："这小不成器的！"但她看到四十年前的东西，似乎引起沉思回忆。

因为祖母病重死去，家里来了许多亲戚。从前我没有小同伴，而现在有了。我们上树爬墙，几乎连房顶也要上去了。

有一天，他们把我带到南河沿

上去了。我第一次看到河水，不晓

得这河水是从什么地方来的，走了

几年了？

河的对岸是一片柳林，再往远看，就不能知道那是什么地方了，因为也没有人家，也没有房子，也看不见道路，也听不见一点儿声响。我想将来是不是也可以到那没有人的地方去看一看？

祖母死了，我就跟祖父学诗。

祖父说："少小离家老大回……"，

我也说："少小离家老大回……"早

晨念诗，晚上念诗，半夜醒了也念诗。

就这样瞎念，念了几十首之后，祖父开讲了。我就问："为什么小的时候离家？离家到哪里去？"我又问："我也要离家吗？"祖父忙说："你不离家的，你哪里能离家……"

我家的院子是很荒凉的。这边住着几个漏粉的，那边住着几个养猪的。养猪的那边厢房里还住着一个拉磨的。粉房旁边的小偏屋里，还住着一家姓胡的赶车的。

有一天，我从院子里蒿草边做梦醒来，回到屋里，老厨子第一个就告诉我："老胡家的团圆媳妇来啦，快吃了饭去看吧！"

等真到了老胡家一看，全然不是那么回事，团圆媳妇在哪儿？经人指指点点，我才看见了。不是什么媳妇，而是一个小姑娘，我一看就没兴趣了。

　　第二天早晨，她出来倒洗脸水
的时候，我看见她了。她的头发又黑
又长，辫子竟快到膝间了。她脸长得
黑乎乎的，笑呵呵的。她才十二岁，
硬让人说成是十四岁。

过了没有几天，那家就打起团圆媳妇来了。那叫声不管多远都可以听得见的。邻居左右也都议论起来，说早就该打。哪有那样的团圆媳妇，坐得笔直，走得风快，一点儿也不害羞。

从此以后，我家院子里，天天
有哭声，哭声很大，一边哭，一边叫。
一直哭了很久，到了冬天，这哭声才
算没有了。

虽然不哭了，那西南角上老胡家又夜夜跳起大神来。大神唱一句，二神唱一句，什么"小灵花啊"，什么"胡家让她去出马呀"，跳了一个冬天，把那唤作"小灵花"的团圆媳妇跳出毛病来了。

　　一天，不远千里来了一位抽帖
儿的，号云游真人。团圆媳妇的婆婆
抽了两帖凶帖，忙请真人破一破。真
人写了四个红纸贴在团圆媳妇的脚心
手心上，还在脚心烙铁烙过的伤疤上
补画一笔，赚了五十吊钱走了。

小团圆媳妇的病并没有好，于是又跳神赶鬼，看香，扶乩，用大缸当众给她洗澡。人们七手八脚强行脱光她的衣裳，把她抬进满是滚烫热水的大缸里去。

起初，团圆媳妇还在大缸里逃命似的狂喊，不一会儿，她倒在缸里了。她狂喊求救的时候，没有一个人上前帮助，这时，人们却一声狂喊，纷纷跑过去看热闹。

还没到二月，那黑乎乎的、笑呵呵的小团圆媳妇就死了。我家的有二伯和老厨子去帮老胡家下葬回来，只是夸"酒菜真不错""鸡蛋汤打得也热乎"，好像他俩是过年回来似的。埋葬团圆媳妇的经过，却一字不提。

冰天雪地正是冬天。雪扫着墙根，风刮着窗棂。那连哭带叫的小团圆媳妇，好像在这个世界上未曾有过，因为一点儿痕迹也未留下来，家家户户都是黑洞洞的，全呼兰河都睡得沉实实的了。

说起那帮老胡家下葬的有二伯，性情真古怪。他很喜欢和天空的雀子说话，和大黄狗谈天。祖父说，有二伯乳名有子，三十年前来到我们家，而今六十多岁了。

有二伯头戴的草帽没有边沿，身穿的衣裳是前清的旧货。走在街上，不知他是哪个朝代的人。有二伯一听人家叫他"二掌柜的""有二爷""有二东家""有二伯"，就笑逐颜开。

有二伯最忌讳人家叫他乳名。那些讨厌的孩子们，常常在他背后抛石子，扬灰土，喊着"有二子""大有子""小有子"，他就用手里的蝇甩子或烟袋锅子打过去。

有一回父亲打了有二伯，有二伯躺在院子里，鼻子也许是嘴还流了一些血。

"有二伯上吊啦！有二伯上吊啦！"老厨子一声喊起，祖父带我一看，见南房梢上挂了绳子。灯笼照到房墙的根边，有二伯好好地坐着。

以后有二伯再跳井上吊，也都没人看他了。街上的孩子编了一套歌唱着："有二伯跳井，没那么回事。""有二伯上吊，白吓唬人。"有二伯还是活着。

呼兰河传 三十五

258
259

　　有二伯常到我家磨房边的冯歪嘴子那里坐坐。冯歪嘴子管打梆子，有二伯告辞，走出园子，冯歪嘴子照旧打他的梆子，半夜半夜地打，一夜一夜地打。

秋天新鲜黏米一下来，冯歪嘴子就磨黄米黏糕。有一次母亲让我去磨房买黏糕，看见他的那张小炕上挂着一张布帘。呀！里边还有一个小孩呢！

　　我回家正想问祖父那小孩是谁，冯歪嘴子来了，他闷了好一阵子才说出一句话来："我成了家啦。"说着眼睛就流出眼泪来。他请祖父帮忙找个存身的地方，祖父答应让他到装草的房子里去暂住。

晌午，冯歪嘴子那磨房里就吵起来了。他的掌柜的拿着烟袋在他眼前骂着。掌柜太太吼道："破了风水了，我这磨房，岂是你那不干不净的野老婆住的地方？从此不发财，我就跟你算账！"

下半天冯歪嘴子就搬到草棚里去了。我好奇地去看看，只见那女人披着被子，坐在一堆草上，很长的大辫子垂在背后。她一回头，我看出来了，是我们同院住的老王家大姑娘，我们都叫她王大姐的。

原先人们都夸王大姐能干，大眼睛，有福相，现今却说三道四，议论纷纷。西院的杨老太太到我家听风来了，她说："那王大姑娘我看就不是个好东西，你看她那双眼睛，多么大！我早就说过，这姑娘好不了。"

冯歪嘴子不管这些。过了一年，他的孩子长大了。谁家办了红白喜事，别人就说："这肉丸子你不能吃，你家里有大少爷的是不是？"冯歪嘴子一点儿也不感到羞耻，用手巾包起来留给儿子吃。

又过了两三年，冯歪嘴子的女人在第二个孩子生产后死了。第二天早晨送殡，正遇着一大群遮天蔽瓦的乌鸦。传说这样的女人死了，大庙不收，小庙不留，是将要成为游魂的。

　　冯歪嘴子的女人一死，大家觉得这回冯歪嘴子算完了。可是他并不像旁观者眼中的那样绝望。他看着他的两个孩子，反而镇定下来。他觉得在这个世界上，他一定要生根的。

果然，大的孩子会拉着小驴到井边上去饮水了。小的会笑了，会拍手了，会摇头了，而且小牙也长出来了。冯歪嘴子欢喜得不得了。

呼兰河这小城里边，以前住着我的祖父，现在埋着我的祖父。那后园的小主人逃荒去了，东邻西舍也都不知怎样了。至于那磨房里的磨倌，至今究竟如何，则完全不晓得了。他们充满我幼年的记忆，忘却不了，难以忘却！

写在后面的话
——侯国良专访

问：您在1990年创作了第一本连环画形式的《呼兰河传》，此书一经问世就受到了广泛关注，且屡获大奖。请问您当时的创作灵感是什么？

答：1982年，贺友直老师来黑龙江讲学。一天他对我说："国良，我40岁完成了《山乡巨变》，你呢？"我一时不知如何回答，但就是贺老师的这一问，让我从昏昏的创作状态中明白了立身创作的重要性。我开始寻找，寻找自己、寻找题材。

我出生在黑龙江省泰来县，从小生活在农村，高中毕业又作为"知青"去北大荒11年，我酷爱表现这片土地上的人们，当萧红及其作品进入我的视野，我认定了这就是我最适合、最爱的题材。我12岁从乡下搬进城里，几十年里，儿时的那段乡间的生活记忆，从来没离开我的脑海，常梦见一条金黄色的土路通向一个小村庄，土路两边是绿油油的庄稼。我们当年坐着马车搬离时，送我们的乡亲跟在车后，一位我妈叫她"老姜婆子"（我应叫姜姨）的在后边喊着我的小名："大驴子，长大一定回来，我多给你做菜！"可想而知，有这样童年记忆的我，读到萧红的《呼兰河传》时，怎能不被触动，不产生强烈的共鸣，不决心画出这与萧红共有的凄婉歌谣——一幅风土画卷呢？但绘画是视觉艺术，用什么手法画出这些场景及生活在这土地上的人们，不是只停留在感受上的事。为创作《呼兰河传》，我去过呼兰多次，除收集具体素材外，主要是去找《呼兰河传》的味儿。一次在临近呼兰的时候，看到河边一大片树毛子（一人多高的柳树条子密密实实，初秋了，还有些残叶，这里人叫它树毛子），我高兴地叫起来，我找到了，这就是《呼兰河传》！这淡淡的，有点忧伤、凄婉且平静的树毛子不就是萧红也是我的童年记忆吗？

　　1989 年时逢第七届全国美展，我创作了十幅描绘《呼兰河传》不同场景的绘画作品，获大展银奖，作品被中国美术馆收藏。1990 年我动手将整部《呼兰河传》改编绘制完成，由黑龙江美术出版社出版。该书获第四届全国连环画评奖绘画一等奖，后以多种样式再版，并被法国等国家出版发行。

　　问：您是在什么样的机缘下再次创作了萧红作品的连环画？您在塑造萧红的时候，脑中浮现的是什么样的人物形象？

　　答：1991 年我完成连环画《呼兰河传》的创作后，一直想在有生之年再创作一部萧红的作品。2020 年我着手改编绘制萧红的另一部成名作《生死场》。其实萧红的文学之路只有 10 年，但她在 10 年间创作了大量的文学作品。仅《呼兰河传》和《生死场》是无法涵盖一位文学洛神作品的全貌的，于是我产生了创作一部"文学的萧红"的想法。这部《萧红传》，在创作上我给自己设定了两个要求：一是只说萧红与文学相关的事情，不涉及其他内容；二是脚本文字全部用萧红原著语言，不加入编者话来述说萧红的文学经历。这无前例，极费苦心。我觉得非此不能体现萧红作为 20 世纪中国文学洛神的神态与神韵。

　　萧红能写出凄婉美好的《呼兰河传》和体现北方人们从"向死而生"到"向生而死"的自觉生

存斗争精神的《生死场》，这与她性格中的具有女孩的柔美温婉和男性的为生去死的刚烈悲壮的骨气息息相关。这种性格在《永远的憧憬和追求》一文中体现得极为充分。萧红的作品中有这样一段描述："萧红被父亲打后，长时间趴在爷爷屋内窗子上看外面的飘雪，爷爷摸着她的头说：'快长吧，长大就好了。'"一般人在表现这个场景时，可能就是萧红委屈地趴在爷爷身上，而我表现的小萧红是目视前方的，没有一点儿孩子气，这就是萧红。

问：《萧红：萧红作品画传》共分为三册，其创作风格和思路是什么？每一册都反映了什么样的内容？

答：《萧红：萧红作品画传》共分三册，包括《萧红传》《生死场》《呼兰河传》。《萧红传》是一本萧红的文学传记，从她的作品原文中节选出内容，巧妙连接成连续性脚本文字，来说明萧红的文学经历。我的创作目的是让读者既读我的画，也读萧红的美文。我因爱萧红的美文而不忍用我的画占去她文字的更多空间。萧红的生命很短，写作经历只有 10 年，从哈尔滨到青岛、上海、武汉，再到大西北地区，最后辗转到香港，在颠沛流离的生活中，她给后人留下了不朽的文字。在哈尔滨，萧红在"牵牛房"结识了很多进步的文化人。到上海受到鲁迅先生的教诲、指导。去大西北，心灵受到抗战的洗礼，思想与祖国产生共鸣。在香港，她完成了《小城三月》《呼兰河传》

等代表作品。《生死场》是写北方农民为了生去与死斗争，这是人性的根本觉醒，是人民的力量。而创作《呼兰河传》时，萧红几乎是在病床上完成的，是她对童年、对故土、对亲人的眷恋，是永恒的乡愁，所以此文不朽。

问：从第一本《呼兰河传》的出版到今天，已经有30多年的时间了，经过这30年的沉淀，全新的《萧红：萧红作品画传》跟之前的作品相比，您认为有了哪些不同？希望它能体现怎样的社会价值？

答：《呼兰河传》是1991年完成的，到完成《生死场》《萧红传》间隔30年，要说有什么创作上的不同，恐怕主要是创作心态上。创作《呼兰河传》时欲望更强些，表现在题材的把握上还有点张狂，成功的欲求更盛；而创作《萧红传》《生死场》时，就沉稳无欲了，且由于年纪关系也少了点冲击力。我在创作《生死场》《萧红传》时，得到黑龙江美术出版社的大力支持，并积极策划将《呼兰河传》融入其中，做一套《萧红：萧红作品画传》。这是我之前没敢想的，事实证明，只有这种策划才能与萧红匹配，才能彰显出我们对继承经典、传播经典的决心。一个民族的兴衰，在文化上有着重要的体现，文化不断，民族不灭，文化兴、民族兴。这就是我们今天为此工作的社会意义所在。

图书在版编目（CIP）数据

萧红：萧红作品画传 / 侯国良编绘 . –– 哈尔滨：黑
龙江美术出版社，2024.5
ISBN 978-7-5593-9996-0

Ⅰ.①萧… Ⅱ.①侯… Ⅲ.①萧红（1911–1942）–
传记 Ⅳ.① K825.6

中国国家版本馆 CIP 数据核字 (2024) 第 009893 号

萧红：萧红作品画传
XIAOHONG:XIAOHONG ZUOPIN HUAZHUAN

总 策 划　金海滨
原　 著　萧　红
编　 绘　侯国良

出 版 人　于　丹
责任编辑　李　旭　颜云飞　杜晓晔
审　 校　李智新
整体设计　墨客文化传媒 ＋ 绘润
　　　　　MOKE
编排制作　哈尔滨市绘润版务制作有限责任公司
出版发行　黑龙江美术出版社
地　　址　哈尔滨市道里区安定街 225 号
邮政编码　150016
发行电话　0451–84270524
经　 销　全国新华书店
印　 刷　北京雅昌艺术印刷有限公司
开　 本　889mm×1194mm　1/12
印　 张　24
字　 数　110 千字
版　 次　2024 年 5 月第 1 版
印　 次　2024 年 5 月第 1 次印刷
书　 号　ISBN 978-7-5593-9996-0
定　 价　150.00 元